BEI GRIN MACHT SICH IHR WISSEN BEZAHLT

AF167088

- Wir veröffentlichen Ihre Hausarbeit,
  Bachelor- und Masterarbeit

- Ihr eigenes eBook und Buch -
  weltweit in allen wichtigen Shops

- Verdienen Sie an jedem Verkauf

Jetzt bei www.GRIN.com hochladen und kostenlos publizieren

Leib-Seele-Probleme, der Königsweg und der Einsatz von computergestützten Verfahren

Melika Ramazani Far

Bibliografische Information der Deutschen Nationalbibliothek:

Die Deutsche Nationalbibliothek verzeichnet diese Publikation in der Deutschen Nationalbibliografie; detaillierte bibliografische Daten sind im Internet über http://dnb.d-nb.de abrufbar.

ISBN: 9783346805638
Dieses Buch ist auch als E-Book erhältlich.

© GRIN Publishing GmbH
Nymphenburger Straße 86
80636 München

Druck und Bindung: Books on Demand GmbH, Norderstedt Germany
Gedruckt auf säurefreiem Papier aus verantwortungsvollen Quellen

Das Buch bei GRIN: https://www.grin.com/document/1321617

Einsendeaufgabe

Einführung in die Psychologie

Alternative A

Modul: Einführung in die Psychologie

Studiengang: B. Sc. Psychologie

Melika Ramazani Far

INHALTSVERZEICHNIS

Abkürzungsverzeichnis:

Aufl. Auflage

bspw. beispielsweise

bzw. beziehungsweise

Chr. Christus

d.h. das heißt

ggf. gegebenenfalls

S. Seite

u.a. unter anderem

usw. und so weiter

z.B. zum Beispiel

Abbildungsverzeichnis:

A1 die Entwicklung der Psychologie

Einleitung:
Im Kapitel 1.1 wird der Lauf des Leib-Seele-Problems bis hin zum Zeitalter der Renaissance erläutert und im Anschluss die Entstehung der modernen Psychologie beschrieben. 1.2 wird die Therapie Psychischer Störungen in Verbindung mit dem Leib-Seele-Problem, auch Psychosomatischen Erkrankung genannt, definiert und weitergeführt.

1.1

Wie der Experimentalpsychologe einmal sagte, „Die Psychologie besitzt eine lange Vergangenheit, aber nur eine kurze Geschichte". (Ebbinghaus, 1850-1909).

Der griechische Philosoph Platon (427-347 v. Chr.) sowie Aristoteles (384-322 v. Chr.) Forschten bezüglich des menschlichen Geistes und unterteilten sie in verschiedenen Sichtweisen, zum einen in die empirische Sichtweise, welches besagt, dass der menschliche Geist am Anfang seines Lebens wie eine leere Fläche ist und somit durch den Weg des Lebens und den zunehmenden Erfahrungen an Wissen angelangt. Die andere Sicht namens nativistischer Sichtweise besagt, dass Menschen mit gewissen Grundarten auf die Welt kommen, wie sie die Welt entdecken und sich formen.[1]

„Zuerst muss man wohl eine Einteilung treffen, zu welcher Gattung die Seele gehört und was sie ist, damit ist gemeint, ob sie ein bestimmtes etwas und eine Substanz ist oder ob sie etwas Qualitatives oder etwas Quantitatives oder auch eine andere der unterschiedenen Kategorien ist. Ferner ab, ob sie zu dem in Möglichkeit Seienden gehört oder eher eine vollendete Wirklichkeit ist." (Aristoteles, 2011, S. 8–9).[2]

Platon hingegen war der Überzeugung, dass Seele und Körper aus verschiedenen Substanzen bestehen und somit die Seele nach dem Tod den Körper verlässt und weiterlebt. [3]
Wie schon verdeutlicht wurde, waren Fragen bezüglich Seele in der Antike eine große, bis heute ungelöste, Thematik, mit der wir uns befassen.
Aristoteles ging schon in den frühen Zeiten davon aus, dass die Seele in verschiedenen Lebewesen existent ist. Er teilte die in „Pflanzenseele", „Tierseele" und „menschliche Seele".[4]

Nach Aristoteles und Platon setzte sich René Decartes mit dem Leib und der Seele auseinander und veröffentlichte „Les Passions de láme" (die Leidenschaft der Seele), hierbei handelt es sich,
um Körper und Seele, welches aus zwei verschiedenen Gebieten sind.
Der Mathematiker und Philosoph führte die Debatte über das Leib-Seele-Problem weiter und verglich den Körper eines Menschen mit einer Maschine, welches eine separate Seele enthält.[5]

Im Zeitalter der Renaissance besagte der Philosoph Thomas von Aquin (1224-1274), dass der Körper und die Seele bei der Zeugung jedes Menschen eine substanzielle Gestalt annehmen, welches er durch den Satz „forma Substantialis" zusammenfasst.
Der Physiologe Benjamin Libet bewies, durch ein Experiment, dass das menschliche Gehirn eine Reaktion durchführt, noch bevor der Mensch diese vornehmen möchte.

---

[1] Vgl. Gerrig (2015) S.8
[2] Vgl. Mühlfelder (2017) S.11
[3] Vgl. Beckermann, (2011) S.11-12
[4] Vgl. Dorling Kindersley, (2012) S.34-35
[5] Vgl. Dorling Kindersley (2012) S.16

Somit entstand eine neue Debatte über den freien Willen.

Nach den Fragestellungen in der Antike und durch die Philosophen in Griechenland, erweiterte der Philosoph sowie Mathematiker Rene Decartes (1596-1650) Mitte des 17. Jahrhunderts, die Theorie von der Seele und dem Körper. Er legte zwei Ansätze an, zum einen der Körper, welches wissenschaftlich untersucht werden kann und die Seele, welches mit dem geistigen Prozess erforscht werden sollte, wie die innerlichen Gedanken zu beschreiben.[6]

Es gibt unterschiedliche Theorien, zum einen die monistische Theorie, die besagt, dass Körper und Geist auf dieselbe Substanz zurückführbar sind und die dualistische Theorie, dass es zwei verschiedene Substanzen existieren, d.h. es unterscheidet sich zwischen Körper und Leib, Geist und Seele.[7]

Die moderne Psychologie oder auch die Geburtsstunde entwickelte sich 1879 durch das weltweit erste Forschungslabor, welches Wilhelm Wundt (1832-1920) an der Universität Leipzig gründete.

In Deutschland arbeiteten Psychologen wie Wilhelm Wundt (1832-1920), Hermann Ebbinghaus (1850-1909) und Emil Kraepelin (1856-1926) unter strengen Naturwissenschaftlichen und experimentellen Bedingungen während in den USA der Philosoph und Psychologe William James (1842-1910) sowie die Nachfolger, unter den theoretischen sowie philosophischen Ansätzen an der Harvard University.

Es waren schon psychologische Labore in Nordamerika an der Johns Hopkins University im Jahr 1883 eröffnet worden, da sie stark durch Wilhelm Wundts Theorien beeinflusst wurden.

Nachdem sich die Psychologie als eigenständige Disziplin entwickelt hatte, eröffnete Edward Titchener im Jahr 1892 ebenfalls ein Labor an der Cornell University und war einer der ersten Psychologen in den USA, welcher bei Wundt studierte. Bis zum Anfang des 20. Jahrhunderts waren über 40 psychologische Labore in Nordamerika vorhanden.[8]

> *Anmerkung der Redaktion: Die Abbildung wurde aus urheberrechtlichen Gründen entfernt.*
>
> Abb.1: Institut für Psychologie der Universität Leipzig

Seit der Eröffnung des Forschungslabors begann bis Mitte des 20. Jahrhunderts eine Zeit der Eröffnung von Schulen.[9]

Einer von Wundts Lehrlingen war Edward Bradford, dieser hatte das Bedürfnis, die Teilbereiche der Seele aufzudecken und dies führte er mit Versuchspersonen durch die Einkehr in sich selbst. Die Personen sollten den einkehrenden Prozess berichten, jedoch führten dies nicht zu den erhofft detaillierten Einzelheiten über die Seele.[10]

Titchener hatte durch Wundts Wissenschaft, welches er in die USA brachte, das Ziel die Struktur der mentalen Prozesse des Menschen zu untersuchen und glaubte dabei, wie Wundt, an die Introspektion.[11]

Die Introspektion war Anfang des 20.Jahrhunderts als „Standardmethode verwendet" H. Witt (2017) und ist eine Forschungsmethode, welches durch eine Beobachtung/Reiz, den inneren Verlauf, bezogen auf das eigene Bewusstsein, beschreibt. Ein Bsp. für das Introspektionsexperiment wäre von Willhelm Wundt und seinen Schülern, als sie sich

---

[6] Vgl. Mühlfelder, (2017) S.11-14
[7] Vgl. Gerrig (2015) S.8
[8] Vgl. Dorling Kindersley (2012) S.16-17
[9] Vgl. Schütz, Brand, Selg, Lauterbacher (2015) S.38
[10] Vgl. Meyers (2013) S.6
[11] Vgl. Gerrig (2018) S.10

mit der Frage, wie der Verlauf der Assoziation stattfindet, beschäftigten um als Resultat die Auffassungen der Versuchspersonen zu erhalten.[12]

Willhelm Wund wird oft als „Vater der experimentellen Psychologie" angesehen, da -wie im obigen Kapitel schon beschrieben- das erste experimental Labor eröffnet wurde.[13] Wundt und Titcheners Theorie führte zu dem Strukturalismus, welches nicht unterstützt wurde, da sie keine Aussage gestützten Resultate versicherte. Sie betonten die Struktur von Geist und Verhalten, welches sich aus elementaren Empfindungen zusammensetzt. William James und Dewey unterstützten jedoch die Idee von Titchener, dass das Bewusstsein der Hauptkern der psychologischen Wissenschaft sei. James unterschied trotz alldem, nicht die Struktur der Psyche zu erforschen, sondern sein Ziel war es, die Absicht hinter dem Verhalten zu verstehen und zu untersuchen. Dieser Prozess nennt sich der Funktionalismus, welches die Absicht eines Verhaltens erforscht.[14]

James tätigte bereits Forschungen über das Bewusstsein und stellte Metaphern für die Definition des Bewusstseins dar, wie bspw. „ein Fluss" welcher in unserem Körper in ständiger Bewegung ist.
Er fügte sich mit Immanuel Kant und John Locke (1632-1704) zusammen und somit entstand die sogenannte „moderne Definition des Bewusstseins". Sie definierten mit einem Bsp.:
wenn die auditive Wahrnehmung und das zeitgleiche Schmerzempfinden stattfinden, ist es die „Einheit des Bewusstseins".[15]

Das Bewusstsein war, wie das Leib-Seele-Problem, schon in der Antike eine ungelöste Fragestellung mit „Ansätzen theoretischer Natur", welche nicht belegbar waren.
Trotzdem heißt es, dass das Bewusstsein nicht das menschliche Denken beeinflusst, sondern den Prozess seiner Tat überdenkt und durch die vorherigen Erfahrungen den Fehler erkennen und den Prozess ändern kann.[16]

Ende des 20.Jahundkerts bewies Libet „durch EEG-Untersuchung, dass das Gehirn eine Entscheidung vorbereitet, bevor diese uns bewusst wird." Das bedeutet somit, dass noch bevor wir uns mit dem Prozess der Entscheidung gedanklich auseinandersetzen können, hat das Gehirn diese Entscheidung schon getroffen.
Es wurde davon ausgegangen, dass das Bewusstsein im Gehirn nicht auffindbar ist, sondern durch die „Zusammenwirkung der Hirnregionen" entsteht.[17]

Nach Hilgrad (1980) soll es verschiedene Arten des Bewusstseins geben: Das Bewusste: welches auf die Lebensinhalte und die Aufmerksamkeit gerichtet ist, dass Nebenbewusste: Dies bezieht sich allein auf die Lebensinhalte, das Unterbewusste: abrufbare Erinnerung und das Nichtbewusste: wobei überhaupt keine Inhalte vorhanden sind.[18]

Eine weitere Frage stellt sich durch das Leib-Seele-Problem, welches die Therapie psychischer Störungen in Bezug auf das Leib-Seele-Problem, nennt.

---

[12] Vgl. G.Mey & K.Mruck (2020), S.454-455
[13] Vgl. Dorling Kindersley S.35
[14] Vgl. Gerrig (2018) S.10
[15] Vgl. Dorling Kindersley, S.41
[16] Vgl. Christof Koch (2022)
[17] Vgl. Gabriele Rossbach (2019) S.33-34
[18] Vgl. R. Maderthaner, S.105

In der medizinischen Welt ist allgemein bekannt, dass körperliche Beschwerden bis hin zu Erkrankungen negative Auswirkungen auf die psychische Gesundheit eines Menschen haben können (z.B. Depression). Die Psychosomatik hingegen ist eine Wissenschaft, die sich ausschließlich auf die Bedeutung von psychischen Faktoren des Menschen bei der Entwicklung von Krankheiten konzentriert.[19] Psychosomatische Störungen gehören heute zu den am häufigsten auftretenden Krankheiten.[20]

Wird bei einer Untersuchung physischen Beschwerden keine biologische Ursache gefunden, die das Auftauchen der Symptome erklären können, geht man von einer psychosomatischen Erkrankung aus.[21]

Mitte des 20. Jahrhunderts wurde schließlich der eigenständige Fachbereich der psychosomatischen Medizin gegründet.[22]

Typische Auslöser für psychophysische Krankheiten sind oftmals ein langandauernder erhöhter Stresslevel, Ängste, Depression oder ein traumatisches Erlebnis. Die körperlichen Symptome sind vielfältig und reichen von Gastritis bis hin zu Asthma, Herzinfarkt oder Panikattacken. Bleiben die Symptome (unter Ausschluss biologischer Ursache) über längere Zeit bestehen, dann spricht man von einer psychosomatischen Erkrankung.[23]

Meyer (2005) bezeichnet das Seelische „als ein Faktor, der Krankheiten verursacht, begünstigt oder in ihrem Verlauf beeinflusst und dabei neben den seelischen auch körperlichen Symptomen hervorzurufen vermag. Demnach kann die Psyche krankheitsauslösend, aber auch Mittel in der Therapie sein. Es kann nach Meyer also nicht von einer Geschlossenheit des Körpers ausgegangen werden, wie dies in der dualistischen Theorie der Fall ist.[24]

Freud (1894) entwickelte das Konversionsmodell, welches erläutert, dass Menschen bei Dauerbelastung (z.B. Stress, Trauma) ihr schmerzhaftes seelisches Empfinden in körperliche Symptome verdrängen und verlagern. Diese Symptome entlasten jedoch nicht die verdrängten Affekte, sondern begleiten sie.[25]

So gehen Fritzsche und Wirsching (2006) davon aus, dass in der Psychosomatik Körper und Seele zwei voneinander untrennbar verbundene Teile des Menschen sind, welche nur zum vereinfachten Verständnis unterschieden werden sollten. Demnach handle es sich nicht um eine "lineare" Kausalität, welche vermuten würde, dass psychische Störungen körperliches Leiden verursachen. Sie erklären weiter, dass eine solche dualistische Ansicht bedeuten würde, dass es jeweils Erkrankungen mit psychischer sowie mit somatischer Entstehung gäbe. Dem Gegenüber existiert

---

[19] Vgl. Eichenberg & Senf, 2020, S.11
[20] Vgl. Maderthaner, 2008, S.381-382
[21] Vgl. Specht, 2021, S.293
[22] Vgl. Meyer, 2005, S.51
[23] Vgl. Maderthaner, 2008, S.394
[24] Vgl. Meyer, 2005, S.35
[25] Vgl. Klußmann & Nickel, 2009, S.24

jedoch auch kein Modell, welches die Wechselwirkungen zwischen Körper, Psyche und Umwelt erläutern würde.[26]

Welchen Einfluss kann eine monistische bzw. dualistische Betrachtungsweise psychischer Prozesse auf die Behandlung psychischer Erkrankungen haben? Ob ein Arzt einen Körper eher als "Objekt" oder als "Subjekt" wahrnimmt, bestimmt maßgeblich seine Vorgehensweise bei psychischen Erkrankungen. Befragungen von Psychologen und Ärzten haben gezeigt, dass die eigene Stellungnahme gegenüber dem Leib-Seele-Problem Einfluss auf ihre Auswahl der Untersuchungs- und Behandlungsmethoden habe.

Betrachtet der Arzt den Menschen als Objekt (Dualismus) greift er eher auf naturwissenschaftlich-technische Medizin (Körperorgane beobachten, messen und analysieren) zurück. Hierbei wird kaum Rücksicht auf das Empfinden des Patienten genommen. Er wird "verdinglicht", d.h. er wird nur als Körper behandelt. Meyer (2005) bezeichnet dies als Versachlichung der Arzt-Patient-Beziehung. Die moderne Technik der Medizin steht hier zwischen Arzt und Patient, entfremdet beide, und verhindert ein subjektives Eingehen auf die leidende Person. Wird der Patient hingegen als Subjekt wahrgenommen (Monismus) greifen Ärzte zuerst auf Gespräche mit den Patienten zurück, um die Ursache der körperlichen Schmerzen zu verstehen.[27]

Das wichtigste Instrument des Arztes um eine Diagnose in der psychosomatischen Medizin zu fällen ist folglich ein intensives Gespräch (Anamnese) mit dem Patienten. Ziel ist es herauszufinden, welche psychosozialen Ursachen das physische Leiden hervorbringen. Dabei muss sowohl das innere Empfinden als auch das äußere Erleben des Patienten in Betracht gezogen werden.[28]

In der modernen Psychologie werden biologische (z.B. Gene, Körperchemie), psychologische (z.B. Stress, Trauma) und soziale (z.B. Erwartungen) Faktoren berücksichtigt, welche in Wechselwirkung zueinanderstehen, und müssen bei der Diagnose psychischer Krankheiten miteinbezogen werden. Die Rede ist hier von einem biopsychosozialen Ansatz.[29]

Obwohl zahlreiche Wissenschaftler und Mediziner sich gegen eine dualistische Auffassung des Menschen äußern, wurde das Bild des menschlichen Körpers als lebloses mechanisches Konstrukt bis heute immer noch nicht ganz aufgelöst. Dies, obgleich das biopsychosoziale Krankheitsverständnis in der medizinischen Forschung und in der Praxis sehr erfolgreiche Erkenntnisse in der Diagnostik und der Behandlung von Erkrankungen vorzuweisen hat.[30]

Alles in einem lässt sich daraus schließen, dass sich weder die monistische noch die dualistische These bewahrheiten lässt, da sie sich gegenseitig ausschließen.
Die Frage des Leib-Seele-Problems stellt sich daraus, ob es wie in der monistischen Sichtweise, die Seele und der Leib aus einer Substanz den Ursprung haben, was bedeutet, dass das Fühlen und die körperlichen Aktivitäten in Verbindung stehen.
Hingehen zu der dualistischen Sichtweise, besteht die Seele und der Körper aus zwei verschiedenen Ursprüngen. Hiermit stellt sich die darauffolgende Frage, ob der Körper nach dem Dualismus ohne die Seele weiterleben könnte.[31]

---

[26] Vgl. Fritzsche & Wirsching, 2006, S.5-7
[27] Vgl. Meyer, 2005, S.59-60
[28] Vgl. Klußmann & Nickel, 2009, S.46
[29] Vgl. Maderthaner, 2008, S.381-382
[30] Vgl. Gerrig, 2018, S.4
[31] Vgl. Meyer, 2005, S.11

A2 der Königsweg und die Forschungsmethoden der Psychologie

Einleitung:
Im Kapitel 2.1 wird der Königsweg beschrieben und erläutert sowie die verschiedenen Variablen und deren Kategorien genau erläutert. Im Unterkapitel 2.1 wird die Unterscheidung zwischen Experimentellen Methoden und Feldstudien erklärt und deren Vorgang genaustens beschrieben.

2.1

Dadurch, dass für dasselbe Ergebnis, der Ursache-Wirkungs-Beziehungen, verschiedene Ursachen aufkommen kommen können, werden experimentelle Methoden verwendet, um klare kausale Beziehungen zu lösen.
In der Psychologie wird das Experiment als *Königsweg* bezeichnet, wenn man die Ursache-Wirkungs-Beziehung zwischen zwei Variablen nachweisen möchte.
Zweck eines Experiments ist meist, der Nachweis einer Ursache-Wirkungs-Beziehung zwischen zwei Arten der von Variablen:

- die unabhängige Variable: hierbei werden die Variablen verändert bzw. manipuliert und fungiert so als Ursache um die Wirkung zumessen
- die abhängige Variable: ist die nicht manipulierte oder veränderte Variable

Wenn die Ursache-Wirkungs-Beziehung, welche die Forscher messen, richtig ist, dann wird somit der Wert der abhängigen Variablen von der unabhängigen Variablen abhängen. Eine unabhängige Variable wird somit manipuliert, damit die abhängige Variable geprüft werden kann.
Eine Variable ist jedes Merkmal, welches sich in der Menge oder Art verändert und nicht zu vergessen sollten alle Variablen innerhalb eines Forschungsprojekts operational definiert sein.
Bei der Problemlösung greifen Forschende ebenfalls oft auf Operationalisierung zurück, um das von dem Wissenschaftler und Wissenschaftlerinnen vorgegebene Problem zu lösen.
Die Operationalisierung oder auch die operationale Definition genannt, standardisiert die Bedeutung einer Beobachtung, Experiments oder einer Untersuchung wobei eine bestimmte Sache, Operationen oder Vorgänge benennt.
Dies dient als Grundlage, um ein Konzept zu messen oder das Auftreten konstatieren zu können. [32]

Sie zeichnen sich aus einem Merkmal oder einer Eigenschaft von Merkmalsträgern aus, hierbei wird unterschieden:

- Variablen: (Merkmale, Merkmalsdimensionen),
- Ausprägung von Variablen: (Kategorien, Merkmalsausprägungen)
- Merkmalsträgern

Die Variablen sollten bestimmten Kategorien zugewiesen werden können. Zum einen sind sie disjunkt oder erschöpfend. Die Kategorien sollten sich also nicht überlappen. Dies ist jedoch in der Praxis schwer aufzuweisen, da eine Umfrage weder disjunkt oder erschöpfend ist.
Variablen können „**diskrete**" oder „**kontinuierliche**" Kategorien aufweisen.
Wenn Variablen nach der Anzahl der Kategorien unterteilt werden, haben sie eine diskrete Ausprägung, diese sog. Ausprägung kann sowohl qualitativ oder quantitativ sein.

---

[32] Vgl. Gerrig S.33 ff.

Sollten bei Variablen zwei Ausprägungen vorhanden sein, wie bei dem Geschlecht, wird diese Variable als **dichotom** bezeichnet. Sollten mehrere Ausprägungen bestehen, wird dies als **Polynome** Variable bezeichnet.
Merkmale haben die Möglichkeit absolut oder rational zu sein. Die absoluten Merkmalsträger beziehen sich auf die verschiedenen, nicht flexiblen Eigenschaften eines Menschen, wie zum Beispiel das Alter, Geschlechtes oder die Qualifikationen etc.
Die rationale Variable hingegen, bezieht sich auf die sozialen Eigenschaften des Menschen, wie die Beziehung eines Menschen zu einem anderen.[33]

Es sind viele verschiedene Arten der psychologischen Methoden.
Durch psychologische Methoden wird die Herangehensweise eines, noch nicht gelösten Problems, beschrieben und zum Ziel einer neuen Erkenntnis genutzt. Ebenfalls sind viele verschiedene Wege zur Erkenntnisgewinnung vorhanden, jedoch ist es für die Psychologie typischsten Wege, die **Induktive** oder **deduktive** Herangehensweise, oder auch den qualitativen oder quantitativen Weg.
Induktion beschreibt, das Schlussfolgern von einzelnen Fällen auf das Allgemeine, wie z.B. ein Kind durch sein Bärenkuscheltier den Bären mit der Farbe Braun assoziiert bis ihm bewusst wird, dass Eisbären die weiße Farbe haben. Das induktive Vorgehen ist ein wichtiger Aspekt in den qualitativen Forschungsmethoden.
Die Deduktion versteht sich durch die Beschreibung eines Besonderen, einzelnen aus dem Allgemeinen, d.h. es entwickelt sich zuerst eine Theorie, wie z.B., dass alle Bären braun sind, da aber eine Theorie kein fester Beweis ist, ist die nächste Phase der Deduktion, die sog. Hypothese. Hier wird durch die Hypothese überprüft, ob die Theorie wahr ist. Sollte jedoch bei der Nachforschung der Bären, ein Eisbär entdeckt werden, somit ist die Theorie nicht wahr und sie ist zu erneuern oder verwerfen. [34]

Ziele der sozialwissenschaftlichen Untersuchungen beinhaltete die
- explorative Untersuchungen,
- deskriptive Untersuchungen,
- Prüfung von Theorien und Hypothesen,

Die explorative Untersuchung wird dann angewendet, wenn die Entdeckung weitgehend unbekannter Forschungsgebiete vorhanden ist.
Bei der explorativen Phase handelt es sich um die Beschaffung erster Information sowie die Gewinnung von Hypothesen, welche genauer geprüft werden sollen. Hierbei wird keine standardisierte Forschungsmethode nicht angewendet.
Anders als bei der deskriptiven Untersuchung handelt es sich dabei um die Auswertung bereits vorhandener Daten, wobei im Gegensatz zu explorativer Untersuchung, die standardisierter Forschungsmethode genutzt wird, wobei das Ziel, die Zielgruppen Identifizierung und Verfahren prognostiziert werden sollen.
Bei der empirischen Prüfung von Theorien und Hypothesen ist es in der Praxis mit vielen Unsicherheiten verbunden, somit ist die Aufgabe der Sozialforschung, die Unsicherheiten zu verringern und die wahrscheinlich vorhandenen Fehlerquellen zu finden.[35]

Forscher der Psychologie haben meist schon vor der Hypothesen Untersuchung, einen Grund vorhanden, weshalb sich die manipulierte Variable verändert und auf die abhängige Variable Auswirkung hat. Trotzdem ist es wichtig darauf zu achten, welche anderen Gründe für dieselbe Auswirkung, vorhanden sein könnten. Sollte es mehrere Wege zur Ausgangssituation geben, so wird diese ebenfalls unsicherer.

---

[33] Vgl. A. Diekmann (2021), S.117-118
[34] Vgl. Hussy, Schreier, Echterhoff (2010), S.7
[35] Vgl. Diekmann (2007), S.33-37

Es kommt vor, dass eine Veränderung innerhalb der Hypothese stattfindet, welches nicht manipuliert oder von den Forschern kontrolliert wurde. Diese Veränderung nennt sich die konfundierende Variable und somit wird die am Anfang gestellte Theorie infrage gestellt.[36]

Kommen wir zu den qualitativen Forschungsmethoden, welche in Verbindung zur Induktion sind. Die qualitative Forschungsmethode ist meistens dann nützlich, wenn seltene Theoriemodelle vorhanden sind. Somit besteht der erste Schritt, in der qualitativen Forschungsmethode, die Theoriebildung sowie Hypothesenbildung wobei der zweite Schritt dann in die quantitative Forschungsmethode eingesetzt und überprüft wird.
In einigen Fallstudien werden in manch vorhandenen Fällen, entweder Gemeinsamkeiten oder Unterschiede im Vergleich zum Erleben und Verhalten auffallen
Die quantitativen Forschungsmethoden ermöglicht mehrere unabhängige Variablen auf eine einzige abhängige Variable untersuchen und gewichten zu können. Hierbei wird ebenfalls durch deskriptive und differentielle Verfahren, Gemeinsamkeiten oder Unterschiede zwischen den Variablen gemessen.[37]

| 2.2 | **Psychologische Experimente im Vergleich zu Feldstudien** |

Es sind viele verschiedene Methoden vorhanden, um bzw. Kausalbeziehungen zwischen Variablen erforschen. Hauptsächlich geht es dabei, die Beeinflussung der Störvariablen zu kontrollieren.
Eine von den Forschungsmethoden, ist die kontrollierten Laboruntersuchungen, hierbei wird die Untersuchung zwischen mindestens einer unabhängigen Variablen sowie mindestens eine abhängigen Variabel stattfinden, um z.B. zu prüfen, ob durch die Veränderung der unabhängigen Variablen eine ebenfalls gegebene Veränderung der abhängigen Variablen vorhanden ist. Diese Untersuchung findet durch beeinflusste und kontrollierbare Umstände statt.
Bei Laborexperimenten hingegen, welche ebenfalls eine weitere Forschungsmethode ist, kann durch mindestens zwei UV und AV stattfinden. Hier werden die mehreren unabhängigen Variablen spezifisch kontrolliert und der Randomisierung ausgesetzt, d.h. die Untersuchungseinheit den Untersuchungsbedingungen durch Zufall eingesetzt werden.
Durch Korrelationsstudien werden die Gemeinsamkeiten innerhalb einer Untersuchungseinheit der Tiere oder Menschen erfasst.
Feldexperimente sind Untersuchungen, die unter natürlichen Bedingungen stattfinden, d.h. die Untersuchung kann ohne das Wissen der Untersuchungspersonen untersucht werden.[38]

Vorteilhaft einer Feldstudie ist, dass es eine hohe externe Validität vorhanden ist und man somit in die Studie durch natürlichen Weg, durchführen kann und eventuell mit weniger Fehlerquellen arbeitet andererseits können durch Störvariablen es ebenfalls zu verfälschten Resultaten führen.
Der Unterschied zum Laborexperiment ist, dass die Störvariablen hierbei deutlich mehr Kontrollierbar sind und die kausalen Zusammenhänge zwischen unabhängige und abhängige Variablen untersucht werden, jedoch sind auch Schattenseiten eines Laborexperiments durch die hohe interne Validität, den Verfälschungen führen kann, da sie

---

[36] Vgl. Gerrig (2019) S.34
[37] Vgl. Mühlfelder, (2017) S.106-108
[38] Vgl. R.Westermann (2000) S.22-23

unter der Laborbeeinflussung steht.[39]
Ein Beispiel dafür ist, die Messung der Motivation von Schüler sowie Schülerinnen, eine Aufgabe zu bearbeiten, welche in der Schule während dem Unterricht untersucht wird (Feldstudie), und im Labor zum selben Zeitpunkt.
Eine der psychologischen Aufgaben ist die:

a. **Beschreibung:** hier wird das Verhalten und Erleben beobachtet um aus diesen Beobachtungen, beschreiben zu können wie das Verhalten aufgrund des Erlebens aufgetreten ist und was zum Erleben geführt hat. Diese Beschreibung über die Beobachtungen erfordert Objektivität der Datenerhebung.
b. **Erklärung:** hier wird versucht Ursachen für verschiedene Verhaltensweisen zu erklären und dabei spielen die verschiedenen Einflüsse einer Reaktion eine Rolle, welches sich schon durch die Eigenschaften eines bzw. Menschen erklärt werden können, diese nennen sich organismische/dispositionelle Variablen. Sollten jedoch äußere Variablen beeinflussen, nennt sich dies Umwelt variable.
c. **Vorhersage:** Vorhersagen beziehen sich auf Wahrscheinlichkeiten, wobei etwas auftreten wird, dass noch nicht aufgetreten ist.
d. **Kontrolle:** bei der Kontrolle wird der Prozess von der Beschreibung bis zu Vorhersage überprüft, um zukünftige Verhalten bzw. Erleben zu kontrollieren und die Lebensqualität zu verbessern.[40]

Wie bereits verdeutlicht wurde, ist es in der Psychologie wie in den anderen Bereichen bezüglich der empirischen Wissenschaft, das Experiment und die Beobachtung ein wichtiger Bestandteil. Jedoch führt es in der Psychologie zu einigen Problematiken, da das Erleben und Verhalten zwar beobachtbar sind, aber nicht unkompliziert bezüglich des Verstehens und erläutern ist.
Um den Vorgang zu vereinfachen, kann man eine Untersuchung durch verschiedenen Perspektiven erforschen.[41]

Wie der Prozess einer Untersuchung abläuft, hat mit den verschiedenen Perspektiven der Forscher und Forscherinnen zutun.
Diese Perspektiven sind im Zusammenhang mit der Herangehensweise wie sie die Untersuchung durchführen, welche Untersuchungsmethoden sie anwenden und welche Fragen sie stellen müssen. [42]

Die richtigen Fragen zu stellen ist ein wichtiger Ausgangspunkt, denn sie zeigt zu Welchem Teilbereich der Psychologie, die Untersuchbare Situation ist und durch die verschiedenen Perspektiven, welche in Kapitel 3 erläutert werden, wird der Prozess der Untersuchung verdeutlicht.
Hier führe ich ein paar Beispiele dieser Teilbereiche in der Psychologie auf. Geht es um die Frage, wie Menschen den Umgang mit Problemen führen spricht es bspw. die *Psychiater, Klinische* oder Beratungspsychologinnen an, da der Umgang mit Konflikten in Verbindung die Psyche steht und gegeben falls Störungen diagnostiziert werden oder Therapien angesetzt werden können.
Es handelt sich um die *Rehabilitationspsychologie*, wenn die frage sich auf Folgen einer Krankheit bezieht, denn hierbei handelt es sich um die Behandlung von bspw. traumatisierenden Menschen

---

[39] Vgl. Mühlfelder, (2017) S.108-111
[40] Vgl. Zimbardo (2007) S.4-6
[41] Vgl. Carus, Wendt (2017) S.5
[42] Vgl. Gerrig (2018) S.12

Die Frage, wie die Informationsverarbeitung im Gedächtnis funktioniert, werden die *Bio-, Kognitionspsychologen/Psychologinnen* oder ggf. die *Psychopharmakologen* speziali-siert auf diesem Gebiet sein. Wie die Informationsverarbeitung bei Menschen im Ge-dächtnis stattfindet, so ist dies ebenfalls bei Tieren die Frage, jedoch besteht der Unter-schied darin, dass zu den davor genannten qualifizierten Personen zusätzlich hierbei, die *Experimentalpsychologen* sowie *Verhaltensanalytiker* hinzukommen.
Bei der Unterscheidung zwischen Menschen werden Tests zwischen ihnen gemacht. Hierbei sind *Persönlichkeits-/differentielle Psychologinnen und Psychologen* kon-zentriert und da das Verhalten ebenfalls ein Teil dieser Untersuchungen ist, sind *Verhal-tensgenetiker und Genetikerinnen* die richtigen Personen.[43]

A3. Perspektiven der Psychologie

Einleitung:
Im letzten Kapitel 3.1 werden, wie schon oben genannt, die verschiedenen Perspekti-ven der Psychologie aufgezählt sowie deren Aufgaben in verschiedenen Fällen erläutert und schließlich die kognitive Wende miteinbezogen und im Unterkapitel 3.2 weiterge-führt und gezeigt, wie die Entwicklung von Computergestützten bildgebende Verfahren, welche zum Beitrag der Erforschung von Psychischen Prozessen geführt hat.

3.1

Wie Psychologen und Psychologinnen die Untersuchung der Verhalten und Denkpro-zesse angehen, wird durch die verschiedenen Perspektiven beeinflusst.
Die erste Perspektive, mit der wir uns befassen, nennt sich die **Psychodynamische Perspektive.** Sie geht davon aus, dass menschliches Verhalten durch innere Kräfte motiviert wird, und diese sind die Bedürfnisse des Individuums sowie der Ist-Zustand und die sozialen Anforderungen. Dies führt jedoch zu Konflikten und wird erst durch die Befriedigung der Bedürfnisse gelöst, somit ist der Hauptaspekt von Handlungen die Verringerung von Spannungen.
Sigmund Freud (1856-1939) entdeckte, dass das menschliche Verhalten nicht immer rational sind und durch Reize beeinflusst werden.
Die **behavioristische Perspektive,** hierbei wird untersucht, wie die Verhaltensweisen durch Umweltstimuli resultieren, dabei wird nach dem Grund den Verhaltensreizen ge-sucht und die darauffolgende Verhaltensreaktion untersucht. Es wird versucht, die Ver-haltensreaktion zu verstehen und Vorhersagen zu treffen und im letzten Schritt wird ver-sucht, die Konsequenzen der Verhaltensreaktion herauszufinden.
Die zentrale Annahme der behavioristischen Perspektive ist, dass jedes Verhalten durch den Einfluss der Umwelt erlernt wird und die Umwelt das Individuum gestaltet. Wichtiger Vertreter der behavioristischen Perspektive war Ivan Pavlov, jedoch legte John B. Watson den Grundlegenden Baustein des Behaviorismus. Der Psychologe Clark L. Hull entdeckte eine Phase des Behaviorismus, die oft als Neo-Behaviorismus bezeichnet wird.[44]

Der Begriff „Behaviorismus" wurde 1913, durch ein bestimmtes Projekt der Psychologie, von John B. Watson (1878.1958) Schülern angewendet.
Behavioristen erforschten die mentalen Prozesse nicht objektiv, sondern messen die verschiedenen Verhaltensweisen. Sie konzentrierten sich dabei auf die Frage, wie sich das Verhalten durch die Umweltreize oder verschiedenen Störvariablen formt. Dies

---

[43] Vgl. Gerrig (2018) S.20
[44] Vgl. Gerrig (2018) S.13

führten sie zuerst mit Tieren durch und daraufhin machte John B. Watson dieses Experiment namens Reiz-Reaktions-Theorie Weltweit bekannt.[45]

„Das vorrangige Ziel der Behavioristischen Analyse besteht darin, zu verstehen, wie bestimmte Stimuli (Reize) in der Umwelt bestimmte Reaktionen „bedingen".“
(Zimbardo (1992, 7).[46]

Eine weitere wichtige Strömung in der Psychologie ist die **humanistische Perspektive.** Diese hat ihren Ursprung im Jahr 1962-1963, durch die Gründung der Association for Humanistic Psychology und führte, im Jahr 1970/1980, drei neue Zentrale Einflüsse der humanistischen Psychologie. Der erste Zentrale Einfluss war, das neue Verständnis über die Natur des Menschen, der zweite Einfluss waren die neuen Ansätze des Studiums menschlichen Verhaltens und der letzte Einfluss war, die Förderung neuer Methoden der Psychotherapie.
Bei der **kognitiven Perspektive** liegt der Fokus auf dem menschlichen Denken sowie seinen wissensbasierten Prozessen auch in Bezug auf die Sprache, d.h. hier wird der Prozess der Aufnahme von Informationen, die Speicherung sowie die Abrufung, gefragt. Hier geschieht der (1) distale Stimuli, sprich: Reiz der Außenwelt führt zur (2) subjektiven Interpretation, welches weiter zur (3) proximale Stimuli geleitet wird (Input) und zur (4) Informationsverarbeitung führt und zuletzt zum Ergebnis, auch (5) Handlung Entscheidung (Output), führt.
Die nächste Perspektive nennt sich die, **biologische Perspektive.** Sie sucht die Ursachen für Verhalten in der Funktionsweise der Gene, des Gehirns, des Nervensystems und der endokrinen Systems (sprich: alle Organe und Gewebe die Hormone produzieren).
Evolutionäre Perspektive versucht die Evolutionslehre von Darwins „survival of the fittest" zu Verknüpfen. Bei der Anwendung der evolutionären Psychologie spezialisieren sich die Wissenschaftler und Wissenschaftlerinnen auf das Gehirn, unter welchen Umwelt Bedingungen es sich entwickelte. Diese Perspektive unterscheidet sich durch die Fokussierung auf den zeitlichen Prozess der Evolution und kann nicht auf Hypothese basieren oder Experimente durchführen, die den Prozess der Evolution verändern können, etc. daher wird mit verschiedenen Theorien gearbeitet, die mit aussagekräftiger Quellenforschung belegt werden können.
Die letzte Perspektive der Psychologie heißt die **kulturvergleichende Perspektive,** welches Differenzen in der Kultur sowie dabei den Anlass und Auswirkung auf das Verhalten aufzeigt. Hierbei können auch Vergleiche innerhalb einer Gruppe ausgeführt, wie z.B. eine bestehende Krankheit verschiedener Nationen angehören, und untersucht werden.
Ziel er kulturvergleiche in der Psychologie ist es, zu untersuchen, ob die verschiedenen gestellten Theorien einer speziellen Art, Herkunft angehören oder ob sie auf alle Menschen denselben Einfluss haben.[47]

---

[45] Vgl. Schütz/Wolstein/Lautenbacher S.42
[46] Vgl. Zimbardo, Philip G. (1992) S.7
[47] Vgl. Gerrig (2018) S.14-19

Die folgende Grafik der psychologischen Perspektiven, wurde aus den Oberligen Erläuterungen von Gerrig (2018 S.14-19 persönlich dargestellt und zusammengefasst.

Psycho-dynamisch	Behavioristisch	Humanistisch	Kulturvergleich	Kognitiv	Biologisch	Evolutionär
Fokus: Auseinander-setzung	Fokuss: Antrieb eines Reflexes	Fokus: entwicklung des Menschen	Fokus: kulturelle unterschiede von Verhalten	Fokus: mentaler Prozess	Fokus: Ablauf des ZNS	Fokus: Entwicklung menschlichen Verhaltens
Auswirkung: Verhlaten durch unbewusste Beeinflussung	Auswirkung: Grund von Verhaltens-reaktion	Auswirkung: Verhaltensme rkmale&Anfor derungen	Auswirkung: kulturelle allgemeinerun g&unterschied e	Auswirkung: Merkmale für mentale prozesse	Auswirkung: Biologische grundlage von Verhalten&ko gnition	Auswirkung: psychische Vorgänge der Evolution

Die kognitive Wende ist in der Psychologie, der Prozess der behavioristischen zu kogni-tivistischen Lernansätze, gemeint.
Mitte des 20. Jahrhunderts, stellten Psychologen den behavioristischen Ansatz infrage. Die Verhaltensforschung wies die Bedeutung sowohl instinktiven als auch das erlernte Verhalten nach. Noam Chomskys Reaktion auf Skinners Ideen, bezüglich der Theorie „Verbal Behavior" sorgte für Unsicherheiten der Ansichten zu dem Behaviorismus und gab den entscheidenden Anstoß der kognitiven Wende. Sie führte dazu, dass sich der Fokus vom Verhalten wieder auf das Bewusstsein und auf die Bewusstseinsprozesse verlagerte. Eine ebenfalls Schlüsselfigur in dieser Phase war Edward Tolman, welcher ein Behaviorist war, der sich für die Gestaltpsychologie in Deutschland interessierte. [48]

Computergestützte bildgebende Verfahren zum Beitragen der Erforschung Psychischer Prozesse

3.2

Vertreter des Behaviorismus waren zum einen C.L. Hull, dieser unterschied der einfa-che Behaviorismus mit dem Neo-Behaviorismus, zum anderen war B.F. Skinner eben-falls ein radikaler Behaviorist.
Skinner und Pawlow vertraten die Aussage, dass das Verhalten das Ergebnis einer ent-standenen Reaktion war. Durch die „Skinner-Box" untersuchte er die positiven und ne-gativen Auswirkungen, erst die Ratte und schließlich durch andere Tiere, dieses Experi-ment bezog er später ebenfalls auf das menschliche Verhalten.

---

[48] de Witt, C. & Czerwionka, T. (2007)

Im Jahr 1950 stand die behavioristische Verhaltenstherapie wurde durch J. Wolpe im Fokus, da er in diesem Zeitraum durch die Tierforschung begann, Angststörung dieser zu behandeln und dies auch ein Erfolg war, übertrug er es auf die Menschen. Somit gab es einen Au Schwung der durch Lerntheoretischen Grundlagen der Verhaltenstherapie und wurde daher die Verhaltenstherapie im Jahr 1960 als Abgrenzung der Psychoanalyse eingeführt.

Die moderne Verhaltenstherapie entwickelte sich daraufhin, da viele Forschungen parallel liefen und dabei spielte die kognitive Wende eine wichtige Rolle.[49]

Abb.3: © Werner Stangl Wien Linz Freiburg 2022 (Stangl, 2022).

Durch die Kommunikations- sowie Computertechnologie erleichterte es die Entwicklung der Kognitiven Wende. Durch diese Künstliche Intelligenz führte es zu neuen Forschungen bezüglich des Gehirns.

Da George Armitage Miller und Jerome Burner Protagonisten der kognitive Wende Ende des 20.Jahunderts waren und dies mehr in den Mittelpunkt gebracht wurde, waren Sie Mitgründer der Center for Cognitive Studies an der Harvard University.

Diese Mitgründer spezialisierten sich darauf, was die Behavioristen ausließen. Dies waren z.B. Erinnerungen oder auch die Wahrnehmung etc. Jedes Mitglied dieser kognitiven Studien, setzte sich mit einem diesen Themen auseinander.

Durch zudem Zeitpunkt, starke Kritik gegenüber den Behavioristen, litt ebenfalls Freunds Psychoanalyse stark unter der Kritik. Ein Mitglied der Studie, klärte darüber auf, dass es durch die kognitiven Prozesse es den Patienten mehr half als die Psychoanalyse.

Diese von ihm eingeführte Therapie führte zur Entstehung der Positiven Psychologie und führte zu den Behandlungen für Depressionen und Angststörungen.[50]

Die offizielle Geburtsstunde der positiven Psychologie trat ab Seligmans Ansprache auf. Martin Seligman war Ende des 20.Jahunderts eine einflussbare Person, dadurch dass er der Präsident der Amerikanischen Psychologen-Vereinigung wurde und die zum selben Zeitpunkt, gehaltene Rede von ihm sorgte dafür, dass somit die positive Psychologie ein Teilbereich der Psychologie ernannt wird und Nachforschungen darüber gemacht werden sollte.

Hiermit gehörte die positive Psychologie als einen Teilbereich der empirischen Wissenschaft.

Der Ursprung der positiven Psychologie fand schon in der frühen Antike statt. Abraham Maslow einer der erste, der Bezug zur positiven Psychologie, in seinem Buch „Motivation und Persönlichkeit" nahm und über die Selbstverwirklichung schrieb. Der zweite Befürworter der positiven Psychologie war der Psychiater Viktor Frankl und letztlich Carl Rogers. Rogers sah die Menschen als vollkommen positiv orientierte Wesen.[51]

---

[49] A. Barta, R. Wassermann, G. Buckremer (2013) S.26
[50] Dorling Kindersley (2012) S.158
[51] Daniela Blickhan (2018) S.22

Literaturverzeichnis

A. Barta, R. Wassermann, G. Buckremer (2013) Verhaltenstherapie: Grundlagen- Methoden-Anwendungsgebiete, 4.Aufl.

Beckermann (2011) Das Leib Seele Problem: Eine Einführung in die Philosophie des Geistes, 2.Aufl.

C.B.Carus & M. Wendt (2017) Allgemeine Psychologie: Eine Einführung, 2.Aufl.

Daniela Blickhan (2018) Positive Psychologie: Ein Handbuch für die Praxis, 2.Aufl.

D.G. Meyers (2013) Psychologie: 3. Aufl.

de Witt, C. & Czerwionka, T. (2007). Mediendidaktik.

A. Diekmann (2021) Empirische Sozialforschung: Grundlagen, Methoden und Anwendung, 14. Auflage 2021

Dorling Kindersley, C. Collin, V. Grand, N. Benson, M. Lazyan, J. Ginsburg & M. Weeks (2012), Das Psychologie Buch

Gabriele Rossbach (2019). Glücksorgan Gehirn: Selbstoptimierung beginnt im Kopf

Günter Mey & Katja Mruck (2020) Handbuch für Qualitative Forschung in der Psychologie, 2.Aufl.

Hussy, Schreier, Echterhoff (2010) Forschungsmethoden: in Psychologie und Sozialwissenschaften,

Mühlfelder, M (2017) Einführung in die Psychologie

Richard J. Gerrig (2018) Psychologie, 21.Aufl.

R.J. Gerrig, P.G. Zimbardo (2007) Psychologie, 18 Aufl.

Schütz, M. Brand, H. Sieg, S. Lauterbacher (2015) Psychologie: Eine Einführung in die Grundlagen und Anwendungsfächer, 5., überarbeitete und erweitere Auflage Stuttgart.

R. Westermann (2000) Wissenschaftstheorie und Experimentalmethodik: Ein Lehrbuch zur Psychologischen Methodenlehre

Zimbardo, Philip G. (1992). Psychologie

Internetquellen:
Bewusstsein ist ein Produkt aus Evolution und eigener Erfahrung. (Stangl, 2022).
Verwendete Literatur
Stangl, W. (2022, 23. Mai). *Bewusstsein . Online Lexikon für Psychologie und Pädagogik.*
https://lexikon.stangl.eu/887/bewusstsein.